NO SERÁ TU SED LA QUE SE SACIE

NO SERÁ TU SED LA QUE SE SACIE
OLALLA CASTRO

9/10

NO SERÁ TU SED LA QUE SE SACIE
Primera edición: abril 2024

© De los poemas: Olalla Castro
© De la fotografía de la autora: Lucía Martínez
© Del diseño de cubierta y maquetación: Nautilus Ediciones
© De la selección de poetas y coordinación editorial: Samuel Trigueros
  Nautilus Ediciones
  nautilusedicioneshn@gmail.com

ISBN: 978-84-10241-09-1
Depósito Legal: Z 711-2024

Impreso en España, Unión Europea

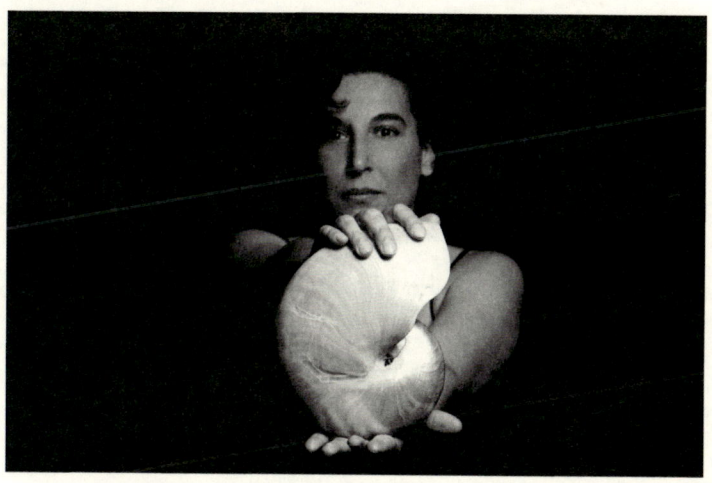

OLALLA CASTRO
(Granada, Andalucía, 1979)

Doctora en Literaturas Comparadas por la Universidad de Granada y licenciada en Periodismo y en Teoría de la Literatura. Ha escrito los poemarios *La vida en los ramajes* (Devenir, 2013), *Los sonidos del barro* (Aguaclara, 2016), *Bajo la luz, el cepo* (Hiperión, 2018), *Inventar el hueso* (Pre-Textos, 2019), *Todas las veces que el mundo se acabó* (Pre-Textos, 2022) y *Las Escritas* (Berenice, 2022), y el ensayo *Entre-lugares de la Modernidad* (Siglo XXI, 2017). Ganadora del Premio Nacional de Poesía Miguel Hernández, Premi Tardor de Poesía, Premio Antonio Machado en Baeza, Premio Unicaja de Poesía, Premio Ciudad de Estepona de Poesía, Premio Vicente Núñez, sus poemas y relatos han sido recogidos en más de una veintena de antologías y traducidos a varias lenguas. Desde hace años, investiga la literatura escrita por mujeres y trabaja en la visibilización de la misma impartiendo conferencias y talleres. Fue columnista del diario La Opinión de Granada durante sus seis años de existencia y actualmente es columnista de El Salto Diario. Ha sido cantante y letrista de diversos proyectos musicales, como Rebelmadiaq, Sister Castro o Nour, formaciones con las que ha firmado una decena de discos y ofrecido conciertos por países como Argentina, México, Costa Rica, Jordania, Marruecos, Argelia, Francia, Holanda o Alemania.

POR LA RUTA DE SISKIYOU

De *Bajo la luz, el cepo* (Hiperión, 2018)

I

Avanza la caravana
bajo un manto de polvo.
Vamos hacia esa tierra áspera
que no nos necesita.
Imaginamos el sonido del río
y creemos seguirlo,
como creemos también
que el oro nos espera
donde brincan las truchas.
Cada noche somos
una fila de luciérnagas
que baila entre las pitas.
Huele a aceite de quinqué y lo sombrío,
envuelto en paños húmedos,
se guarda en el fondo de la alforja.
Mamá dice que pronto
alcanzaremos California
y que, una vez allí, daremos con el valle
donde levantar, listón a listón,
una casa muy grande,
con nuestras propias manos.
Después dormiremos abrazados a un rifle,
preservando esta nada que trajimos.

III

El señor Dred
hace sonar su arpa de boca
hasta que lo que oímos parece una canción.
En el porche de casa,
papá fuma en pipa
y yo levanto polvo con las botas
mientras bailo.
Mamá sigue dentro, en la cocina:
está cociendo el pan que nos sostiene.
Megan, sujeta a la viga de madera,
nos mira con una gravedad
impropia de sus años.
Parece saber que ella no bailará,
que pronto también estará dentro,
en la cocina.
Cuando amanezca regresaremos al río
y pasaremos las horas
meciendo arena y agua en las bandejas,
esperando hallar el oro bajo el barro.
Tampoco brillará nada mañana.
Pero volveremos al porche
cuando caiga la tarde,
a cantar y bailar sobre este miedo,
mientras mamá cuece el pan que nos sostiene.

IV

Descansemos ahora
que no conocemos enemigos.
Descansemos ahora
que aún buscamos juntos,
que reímos con las piernas mojadas
hasta que los calambres nos obligan
a volver a la orilla y tumbarnos al sol.
Cuando uno de nosotros,
en el fondo del agua,
halle el brillo que ansiamos,
el recelo se instalará
detrás de nuestros ojos.
Quien no tiene creerá que el que encontró
usaba trucos que no contaba a nadie.
Quien encontró creerá que quien no tiene
está pensando en cómo arrebatarlo.
Uno
masticará al despertar esta rabia gomosa.
El otro
no podrá levantar ya el dedo del gatillo.
Durmamos ahora
sobre esta blanda miseria que nos une,
pues cuando haya porvenir
no habrá descanso.

V

Hay algo en el salto del pez corriente arriba
que apaga las voces de los hombres
y convierte sus frases en un manso siseo.
Para entonces solo existe la contienda:
este cuerpo pequeño que avanza al retorcerse.
¿Por qué no nos sirve ese brillo de escama,
la chispa plateada que prende bajo el agua,
esta batalla de luz por no morir tan pronto?
Corriente arriba,
devorando cualquier cosa comestible,
con cien huevos bullendo bajo el vientre.
Corriente arriba,
buscando respirar en lo profundo.
Hay algo en el salto del pez
que nos hace de espejo.
Sé que tendremos que llegar hasta el final
para que puedan seguir las cosas sin nosotros,
para que los demás repitan
este mismo fulgor,
esta herida de agua, esta estampida.

VI

Cuando se pone el sol en Siskiyou,
el oro que no fuimos capaces
de encontrar en la orilla
nos inunda de pronto.
El incendio se propaga por los rostros,
prende lento en la tierra.
Emerge de nuevo la promesa
que habíamos hundido bajo el agua.
Por un instante pareciera
que respira otra vez su cuerpo amoratado.
Puedo ver a mamá sonreír
con el torso bañado en esta llama
y me siento dichoso.
Pero dura muy poco el fuego ocre.
Después de ese espejismo,
un sabor negro se agarra a la garganta
y toda la oscuridad llega de golpe.

VII

Cada mañana,
antes de partir hacia el río,
damos gracias a Dios
por lo que haya ese día en nuestros platos,
no importa si son gachas o ratones.
Mis padres y mi hermana
parecen olvidar que le rezan
a la misma persona que nos ha abandonado:
ese Dios que es capaz de esconder bajo tierra
un puñado de oro
tan solo para vernos escarbar;
el mismo que nos trajo hasta aquí
sabiendo que el hambre va a matarnos
mucho antes de que el trigo
nos llegue a la cintura.
Yo muevo los labios y finjo rezar,
mientras tanta gratitud me va astillando.

IX

Trajimos las armas de muy lejos
para ahuyentar a los apaches
disparando a las nubes.
Aunque dice papá que, si no hay más remedio
y esos indios se niegan a marcharse,
habrá que derramar algo de sangre.
Dice también que aunque duerman en ella
y, desde hace mucho tiempo, de ella coman,
esta tierra no es suya sino nuestra.
No son criaturas de Dios
esos salvajes, explica mamá,
mientras mueve hacia abajo la cabeza.
El señor Dred susurra "Amén"
y escupe dos veces en la tierra
antes de volver a tocar sus melodías.
Y es verdad que esos salvajes
no son como nosotros.
Nosotros, criaturas de Dios,
hemos llegado hasta aquí para matarlos.

INVENTAR EL HUESO

De *Inventar el hueso* (Pre-Textos, 2019)

ACEPTEMOS

Está bien.
Aceptemos que hay un yo
que, de un golpe de voz,
puede ser dicho.
Aceptemos que ese yo
que es capaz de nombrarse
tiene a veces mi cara,
se parece a este cuerpo esquinado.
Está bien.
No hablemos de ficción ni de relato.
Repitamos yo, yo, yo
tantas veces
como sean precisas para armarlo.

Juntemos las astillas
hasta inventar el hueso.
Pronunciemos yo
y veamos qué turba
se despierta al decirlo.

UNA HILERA DE OJOS

Pero a veces se entiende que decir yo
es tratar de nombrar una hilera de ojos,
un collar hecho de huesos y de piedras.
Levantar la piel.
Rastrear las pisadas de las otras.
A partir de sus huellas,
descifrar este baile.
Dirimir cuántas voces
se han pegado a tu voz
(si acaso hubo una voz primera o sola).

Abrir la vaina.
Separar con los dedos las semillas.

ES NECESARIO UN TÚ

Sin embargo, es necesario un tú
sobre el que abrir la boca
y dejar caer, una a una,
las palabras que anidan en los huesos;
un tú que rastrillar
con estas mismas manos
con las que van a esparcirse
más tarde las semillas.

Es necesario un tú
donde moler el grano,
donde mezclar el grano,
donde cocer el grano
hasta transformar
lo atroz en alimento,
en pan el grito.

            Es necesario un tú
            donde salvar la vida.

ESTOS DEDOS QUE BAILAN

Nosotras,
en el patio de atrás
de una casa muy grande,
oreando el rencor con los brazos en alto
y el dolor de los siglos en los hombros.
Nosotras,
estirando este rencor tan blanco,
dejando
que todo el sol del mundo lo atraviese.
Nosotras,
vigilando el fuego de otros,
cocinando los huesos de otros
para hacer esta sopa
que a otros servirá de alimento.

¿Y qué tenemos nuestro
más allá de estos dedos
que bailan alrededor
del cuello de las bestias,
de estos dedos que matan
con un movimiento rápido, preciso,
y cocinan lo muerto
para dar de comer a una estirpe maldita?

Nosotras:
¿para cuándo otras manos,
otra historia, otra estirpe?

UN IDIOMA COMÚN

Vamos
trasladando la risa de mano en mano,
pasándonos de unas a otras
las palabras que fuimos rescatando
y el espejo pequeño
que ocultamos debajo del vestido:
ese
en el que por primera vez
pudimos vernos
(cuando al fin entendimos
que la imagen enjuta de nosotras
en la que habían tratado de encerrarnos
había sido adrede deformada).

Vamos
colocando en el regazo de las otras
lo que brilla debajo de los dedos,
el amor que amontonamos en las yemas.
Al mirarnos
nos bastan segundos para saber
que hay cierta vecindad en nuestros ojos;
un idioma común,
una lengua de esquirlas.
Esto que es a la vez
maleza, labio, roca.

ELLOS VENDRÁN

Ellos vendrán de noche
y con manos de sombra
saquearán nuestra ciudad recién fundada.
Quemarán nuestras casas,
matarán a los hombres,
violarán a las mujeres
mientras silban.
Robarán nuestras bestias
y asaltarán las despensas
mejor abastecidas.
Comerán y beberán hasta hartarse.
Reirán hasta dolerles las mandíbulas.

Antes de que despunte el alba
se irán como vinieron:
levantando una nube de polvo
y volviéndose pequeños,
cada vez más pequeños
(hasta parecer inocentes
del grito, del semen, de la llama).

Para que no los olvidemos,
nos dejarán el destello del fuego
y un puñado de hijos bastardos
a los que rehuir y querer
a partes iguales,
desde el hueco terrible de la culpa.

LO QUE SE ESCURRE ES EL POEMA

Escribo
como quien se sacude una mosca.
Como si la piel no guardase
el recuerdo de la astilla
y todo se acabara al extraerla.
Como si bajo la uñas
no quedara este surco pequeño
y el dolor no tuviera siempre un eco.

Todo lo que se escurre,
húmedo como la boca
del pez en el anzuelo,
es el poema.
Esto que, justo cuando está
a punto de morir,
colea con más rabia.

LOS OJOS DE LOS MUERTOS

Los cadáveres que se apilan aquí dentro
han venido a enseñarte
que todos los ojos de los muertos se parecen.
Abiertos y vacíos, se parecen.
Todos esos muertos, todos esos ojos
un día serán tú y te están palpando.
Quieren decirte con su tacto
que todo lo que os separa es el dolor:
que abraces el daño y sus esquirlas.

TODAS LAS VECES QUE EL MUNDO SE ACABÓ

De *Todas las veces que el mundo se acabó* (Pre-Textos, 2022)

LAS DIEZ PLAGAS DE EGIPTO

No asolaron las langostas los cultivos
ni la peste acabó con el ganado.
Piojos no atacaron a animales y niños.
Una nube de moscas no invadió aquel país.
El agua jamás se tornó en sangre
ni emergieron de ella a millares las ranas.
No se cubrieron de úlceras los cuerpos.
Del cielo no llovió fuego y granizo.
No hubo oscuridad que durase tres días
ni todos los primogénitos murieron a la vez.
Supimos entonces que el castigo
era en realidad sobrevivir.

HIC SUNT DRACONES

Cuando el mundo era plano
en los mapas se cartografiaba el fin
y, más allá del agua donde todo acababa,
se dibujaban monstruos y dragones,
serpientes marinas, sirenas, centauros,
peces con diez ojos y pulpos con cabeza de titán.

Como si todo lo que asusta
no pudiera tocarse alargando los dedos.
Como si todo lo que asusta
no estuviese ya aquí.

LA TIERRA DE FUEGO

Llegaron blancos como pico nevado.
Con sus manos brillantes
encerraron a las ovejas en corrales
y nos mataron a nosotros,
también de diez en diez.
Sonaban a estampida de guanaco
sus rifles y su lengua por igual.
Ofrecían una libra esterlina
por cada oreja nuestra, mano, pie.
Nos invitaron a vino
–para sellar la paz, dijeron–
y cuando estuvimos embriagados
comenzaron sin más a disparar.
A quienes no les alcanzaron las balas
les alcanzó la enfermedad
que arrastraban consigo
–silbido de serpiente al respirar–.
Ya solo quedo yo.
Me llamo Ángela Lioj
y el mundo acaba en mí.

ESTA CRIATURA LIMPIA

Entra en el bosque
sin esconder detrás de ti las manos,
llenas de nombres.
Mastica la raíz,
saborea lo amargo
hasta que te crezcan ojos nuevos
en los ojos
y, al fin, veas.
Regresa al hueso-grito,
al quejido-caverna
donde fuiste engendrada
y pare allí, de pie,
a esta criatura
limpia de palabras.
             Trae al mundo
             lo que en la lengua acaba.

OQUEDAD

Todo intento de nombrar
implica un sacrificio.
Por eso
hay que ser oquedad,
abandonar la blancura
como código.
Poblar el balbuceo.
Habitar lo negro
con este cuerpo-enjambre
que baila entre el espino.
Convertirse en zumbido
alrededor del hueso.
        Danza que va
        del hueco del panal
        al hueco de la lengua.

UNA SOLA HEBRA

Cada golpe de voz
anuncia un fin del mundo.
Escucha:
siempre hay algo quebrándose
en la lengua.
Cruje y se descascarilla.
Nos deja a oscuras.
Hablar es desplegar un ovillo,
separar del hilo el hilo
sabiendo que a la mudez le basta
una sola hebra rota
para cubrirlo todo.

LA TALA

El error no fue buscar el modo
de pronunciar el mundo,
sino convertir en serrucho nuestra lengua.
Apilar troncos muertos en los nombres.
Con toda esa madera
levantar iglesias, puentes, casas.

Hablar es adentrarse en el bosque
y, con un hacha en la boca,
proceder a la tala.

LA LENGUA QUE INVENTAS

Sal de tu cueva,
abate a pedradas a las bestias.
Despelléjalas, deshuésalas.
Que tu boca
–la misma que ahora usas para hablar–
desgarre la carne,
mastique a otros, trague.
Y que la lengua que inventas
nunca diga «la bestia soy yo».

NINGUNA RAZÓN

Todo lo que conservamos fue
protegido con la muerte de otros,
saqueado tras la muerte de otros,
heredado a la muerte de otros,
obtenido de la muerte de otros.
No hay ninguna razón para guardarlo.

LO AFILADO

En el miedo aguardamos
la herida que vendrá
del modo en que se aguarda
lo que está por nacer
–sabiendo que el futuro
ondea igual que el lino
y, como tal, se arruga–.
Lo afilado, sobre nosotros,
alarga su sombra.
Hay una turba que nos trepa el estómago,
el pecho, la garganta.

      La extrañeza es un cuerpo no tocado.
      La extrañeza es un límite.

Lo vacío se extiende de dentro afuera,
va en los ojos que arrojamos como lazos
al cuello de las cosas.
Eso amenazador
que quien está mirando ve
se parece al hueco que sus propios dedos
forman.
      A la nada que trae entre las manos.

LAS ESCRITAS

De *Las escritas* (Berenice, 2022)

CHRISTINE DE PIZAN

¡Qué felices vivirán las damas de nuestra ciudad!

Y viviremos nuestras, las unas con las otras, en esta ciudad
donde no precisaremos del cordón de los hombres (ser
hijas, madres, esposas de otros). Cada una sostendrá entre
sus dedos un espejo en el que por cientos, por miles nos
miraremos a la vez. Un solo rostro se volverá el de todas.
Arrojaron sobre nuestros cuerpos, a puñados, su idioma de
tierra: bajo él permanecemos como se habitan las tumbas,
con los ojos cerrados y las manos oblicuas sobre el pecho.
Es hora de tener una casa donde hasta lo oscuro esté
salpicado de estrellas. Es hora de salir a la noche y que, al
pronunciar nuestro nombre, la lengua centellee. Que nos
crezcan los verbos como ala de insecto y, al agitarlos, eche
a volar la vida. Escribir consiste en alzarse más allá de los
muros que levantaron otros, sembrar palabras nuevas de
las que pueda nacer de nuevo el mundo.
Murieron al tiempo mi padre y mi marido; sé lo que supone
hacerse cargo de tres hijos, una madre, una sobrina. Hoy
nos sustentamos gracias a mis textos. Pero no escribo
para llenar los platos, escribo para cambiar de ojos
(porque llevamos siglos mirando con los suyos, que nos
vuelven deformes), para que mi cuerpo regrese a donde
puedo tocarlo.
Os propongo, hermanas, construir palmo a palmo la ciudad
donde hablaremos con el acento crujiente que brota de
los prados y nos bordaremos de hierba los vestidos. Aquí

nadie vendrá a encerrarnos en una voz de reja, a negar que sepamos leer nuestro pasado, medir igual los astros, calcular a qué distancia se nos quedó la vida. Dar de comer, decir tres veces no, trazar los mapas. Movernos como hojas en las ramas sin que ningún viento nos arranque.

SOR JUANA INÉS DE LA CRUZ

¡Jueces del mundo, detened la mano!

Yo sé que esta celda resulta menos celda que la que otras ocupan.
Otras en sus casas, con sus maridos, con sus hijos, con
sus padres. Otras, dobladas sobre sí (ningún cuerpo cabe
en mitad de una orden). La vida puede parecer un ala
de pájaro extendida y, sin embargo, casi siempre es una
sábana blanca que no alcanza a cubrir lo muerto que nos
ronda.

No tengo miedo a la noche ni a estas cuatro paredes, ni siquiera
a la humedad que algunas veces trepa mis cabellos y se
pega a mi cuerpo, haciendo que mis dientes castañeen.
Escribo porque aquí no me alcanzan los ojos como picos
que se hincan en las espaldas de las otras y juzgan el
vestido, los gestos, la carne, los rubores. Aquí ya no hay
más ojos que los míos.

Tengo este silencio que acuno en mi regazo y, cuando quiero,
converso con lo escrito. Desde muy niña, aprendí a hablar
así, sin despegar los labios. En la biblioteca de mi abuelo,
fui la que sostenía el mundo sobre sus piernas cortas.
Se lee para tocar la nieve. Se escribe, sin embargo, para
levantar una casa que nos salve del frío.

Todos me miran con curiosidad, pero no soy distinta a las monjas
que bordan flores blancas y rosas sobre paños. La rima
es siempre un hilo. En el trazo, igual que en el pespunte,
la vida se sucede. Se escribe para lo mismo que se cose:
porque en esa ficción de continuidad hayamos al fin

un poco de consuelo. Porque la aguja entra y sale de la tela como si en el círculo que tensa el bastidor cupiese el bosque.

Observo la sombra que la vela proyecta en la pared desnuda; lo que escribo baila con la llama. Y si digo "mi Señor" es porque sé que aquí dentro no hay nadie.

Yo digo "mi Señor" para quedarme a solas.

ZITKALA-ŠĂ

Mi corazón y yo nos tumbamos en la tierra
como si fuéramos un grano de arena.

Mira hasta dónde alcanza la llanura, toda esa tierra aún por
  recorrer. Antaño seguíamos el rastro lento de los búfalos
  y, al hacerlo, dejábamos otro rastro que alguien seguiría
  después. La vida consiste en continuar donde otros
  empezaron, pisar donde antes pisaron los demás. En
  verano, secábamos la carne al sol y la comíamos mezclada
  con cerezas. Pegábamos la cabeza a las rocas y oíamos el
  agua correr. Al despuntar el día, las mujeres plegaban los
  tipis, los hombres daban de comer a los animales; hasta
  los más pequeños echábamos a andar. Que tu casa se
  mueva significa dormir bajo el mismo techo y a la vez no
  dormir nunca en el mismo lugar. Que a cada paso mude
  también de sitio el corazón.
Sin embargo, nos detuvimos hace mucho. Nos quedamos aquí,
  donde no llega el silbido de sus rifles, mientras ellos se
  extienden como una enfermedad. A veces aparecen y
  se empeñan en enseñarnos a hablar blanco, a vestir con
  sus ropas, a rezar a su dios (como si el Gran Espíritu no
  estuviese mirando, como si no tuviéramos una pipa que
  fumar). Cuando caminas, son tus huellas lo primero que
  dejas atrás. Por eso para entender tu legado has de darte
  la vuelta. Por eso escribir es girar sobre ti misma, volver
  sobre tus pasos, desandar.
Yo, Pájaro Rojo, hablo. Regreso así a la montaña de la que nos
  echaron. Traigo con mi nombre la lluvia, corto la cabellera

de nuestros enemigos, persigo con mi flecha el error que nos trajo hasta aquí. Mi palabra son señales de humo, danza alrededor del fuego, esto que ondea como la crin de un caballo al galopar. Con mi tocado de plumas en la frente, bebo ayahuasca y pinto sobre mi rostro los símbolos que solo conocen los chamanes. Porque lo que se dice es también un ungüento que alivia las heridas. Porque escribir es otra manera de sanar.

MARINA TSVETÁIEVA

Dame la mano para ir tras la muerte.

Será mi casa el frío, su filo. La vida se escurre por mis manos abiertas (la oigo caer, la oigo romperse). Lo único que mis dedos sostienen es el hambre como un pan caliente, como niños llorando, como puñados de tierra. El hambre te arrebata la belleza. Abre el mismo agujero en Moscú que en Praga que en París. Se extiende igual que una mancha o un sarpullido. De la buhardilla en la que vivíamos en Rusia llegué a quemarlo todo, hasta las vigas (a veces hay que lanzar al fuego el techo que nos cubre, la lengua que hablamos desde niñas). Escribir se parece a arrojar a las llamas nuestro frío, nuestras manos, nuestro hogar. Echarse a la boca esto negro y salir a la noche como quien sale al cuerpo que se ama: palpando, palpando.

Pero el barro se pisó y ahí está el surco. Todo lo que tenemos es un rastro. Todo lo que podemos decir es esta huella. La poesía no nos salva de las tripas vacías, las hijas muertas, los maridos ausentes. En el hueco que somos, el miedo se convierte en un sonido que crece (rebota y se amplifica). La poesía no nos salva del ruido, pero sí pone más ruido sobre el ruido para que no se entienda (solo en esa confusión seguimos vivas). Vamos buscando algo caliente, un vaho que empañe la certeza del golpe, una niebla que nos haga de ojos. Mis ojos, mi niebla, han sido mis versos.

He agarrado el brillo de la lengua y he tratado de alzarlo: que fuese su luz una montaña. Por esa fosforescencia, subir hasta la cumbre. He hablado del amor y del gozo, he aupado la verdad sobre mis hombros para llevarla lejos. Pero a veces estaba demasiado cansada. A veces nada se encendía en el nombre (escribir es arder; las palabras, una chispa que no siempre se prende).

Al final no encontré el gancho que buscaba, pero sí una rama de abedul y la cuerda que usé para cerrar mi maleta. Quedaré suspendida sobre un suelo de nieve. Será blanca la muerte. Y mi casa, su filo.

MARÍA ZAMBRANO

Escribir es defender la soledad en que se está.

Cruzo el agua negra que separa países, esa oscuridad igual que
un hueco que se ve desde cubierta cuando llega la noche.
Ahora, los trece gatos, Araceli y yo vamos de Roma
a París, de París a La Pièce. Aquí nos quedaremos, si
puede una quedarse en los sitios que algún día acabará
abandonando. Pertenezco a cada lugar del que me he ido.
El desarraigo: recoger tus enseres, cargarlos en maletas,
deshabitar una casa tras otra hasta no distinguirlas. Saber
que a veces estás mucho más cerca al alejarte.

Oigo el piar de los pájaros y el sonido del aire cimbreando los
árboles. El campo es un exilio dentro del exilio. Un silencio
dentro del silencio. Pero, en cierta manera, ¿no consiste
siempre escribir en exiliarse? ¿No huye de algún modo
quien escribe del mundo, de sí, cada vez que penetra en
la palabra? Adentrarse en el lenguaje implica ahondar en
el cuerpo y a la vez desplazarse de él, ir al centro de algo
que perdimos o que quizás no existe (todavía). Escribir
es encontrar un hueco para explicar la noche o tratar de
enfrentarla. Hincar el arado en la tierra, abrir en ella un
surco. Asomarse. Mirar la grieta igual que se miran las
semillas.

Una tiene que irse y no importa si hay palabras o no para decir el
miedo. ¿A qué escala temblamos? Los campesinos nos
advierten de los venenos y tapizan la tierra con sus manos
redondas, como si aún pudiésemos salvarnos. Pero vamos

ciegos, creyendo que poseemos un arma: domesticar a las bestias, andar sobre dos patas, esta forma obstinada de darle la espalda a los volcanes.

Se trata de escribir para volverse cántaro. Dejarse vaciar y que los otros beban. Saber que no será tu sed la que se sacie.

Índice

LAS ESCRITAS
Selección de *Las escritas*

AUDRE LORDE

¿Por qué nombre nos llamaremos ahora
que nuestra madre ha muerto?

Sacude como un tam-tam la lengua, por los barcos cuya travesía
no detuvo nadie, por los esclavos que de ellos descendieron
con grilletes en los pies. Golpea las palabras para volver
al hogar que te robaron. Nombra al unicornio negro,
hermana, extranjera: no olvides la noche y su sonido (el
canto del que todas procedemos). Saldremos a las calles
a besarnos como quien enciende una mecha. Saldremos,
mujeres, a besarnos: nuestro amor hará saltar sus casas
por los aires. Y diremos fingiendo que podemos decir,
que existe lenguaje para la leche agria.

Hay otro idioma aguardando: pisada de mamut, cavidad en la
roca, descenso de los árboles, insólito par de huellas en la
tundra. Pronuncia el chasquear de piedras que ha de traer
la chispa, el fuego. Pronuncia esta rabia que se tapa con
pieles y abate a pedradas lo que come. Hay otro idioma
aguardando y hemos de encontrarlo. Es un deber acabar
con el amo, no tener más su voz; no tenerla. Matemos eso
blanco que susurra en nosotras. Matemos eso hombre.

Nos bañaremos en esta risa nueva, igual que bailan alrededor
de las bocas de riego las niñas de Harlem en verano.
Atardecerá. Tendremos peinados a lo afro y llevaremos
pantalones de campana. Sostendremos pancartas como
si fueran flores. Nos pareceremos tanto a Rosa Parks
(nunca más al fondo del autobús urbano, nunca más de

pie). Hasta que olvidemos cada orden que nos dieron, cada vez que obedecimos, lo que sí nos quitaron, lo que no nos pudieron arrancar. Hasta que olvidemos por qué salíamos juntas a besarnos, por qué besarnos también era una forma de gritar.

NO SERÁ TU SED LA QUE SE SACIE
de Olalla Castro
-9/10 de la Colección Capitanas 2-
se terminó de editar y maquetar
por Nautilus Ediciones
en Zaragoza, España,
en abril de 2024.